화엄경 제76권 (입법계품 39-17) 해설

선재동자가 마야부인 처소에 이르니 "누구나 관불경계지를 얻으면 무소주(無所住)에 머물러 여환원(如幻願)에 의하여 온갖 몸(持佛身 · 意生身 · 無生滅身 · 無去來身 등)을 얻어 허공과 같이 걸림없는 행을 실천할 수 있다" 하고 그 동안 자신이 섬겨왔던 모든 부처님들의 명호를 일러주고 그 모든 부처님들을 자신이 낳아 길러 주었다고 하였다.

여기서부터 ① 마야부인(成佛門) ② 정념천녀(現前門) ③ 변우동자(法師門) ④ 중예동자(方字門) ⑤ 현승우바이(利生門) ⑥ 견고장자(解脫門) ⑦ 묘월장자(光明門) ⑧ 무승군장자(無盡相門) ⑨ 최적정바라문(願語門) ⑩ 덕생동자(幻住門) ⑪ 미륵보살(佛果門) 등 11지 법문이 나온다.

그러니까 마야부인은 바로 성불문에 해당한다. 이 중 덕생동자와 미륵보살은 화엄경 제77권에 나오고, 여기 나오는 분들은 모두 여덟이다.

정념천녀는 무애염청정장엄해탈을 얻어 과거 청연화겁에 간디스강의 모래 알 숫자와 같은 여래를 현전에서 섬긴 이야기를 들려주고, 변우동자는 남의 스승되는 일이 쉬지 않는다 가르쳐 주었으며, 중예동자는 마흔 두 가지 자음을 가르쳐 주었으며, 현승우바이는 세상을 이롭게 하는 방법을 가르쳐 주었다.

그리고 견고장자는 집착만 없으면 누구나 대자유인이 될 수 있다하고, 묘월장자는 어두운 세상에 빛이 되는 것을 三空無相知慧門으로 설명해 주었다. 또 무진군장자는 갖가지 모습으로 나타내어 중생을 교화하는 방법을 일러 주고, 최적정바라문은 3세 모든 사람들이 언어를 통하여 교화하는 방법을 일러 주고 묘의화문성에 나아가면 덕생동자와 유덕여를 만나 볼 수 있다 가르쳐 주었다.

入法界品 第三十九之一
입법계품 제삼십구지일

十七
십칠

爾時善財童子一心欲詣
이시선재동자일심욕예

摩耶夫人所卽時獲得觀佛
마야부인소즉시획득관불

境界智作如是念是善知識
경계지작여시념시선지식

遠離世間住無所住超過六
원리세간주무소주초과육

處離一切着知無礙道具淨
처이일체착지무애도구정

사경의 공덕은 십만억 부처님께 공양한 것과 같은 공덕이 있습니다.

法身以如幻業而現化身以
법신이여환업이현화신이

如幻智而觀世間以如幻生願
여환지이관세간이여환생원

而持佛身隨意生身無生滅
이지불신수의생신무생멸

身無來去身非虛實身不變
신무래거신비허실신불변

壞身無起盡身所有諸相皆
괴신무기진신소유제상개

一相身離二邊身無依處身
일상신이이변신무의처신

無窮盡身離諸分別如影現
무궁진신이제분별여영현

事 사	之 지	眼 안	猶 유	於 어	日 일	身 신
供 공	人 인	唯 유	如 여	三 삼	身 신	知 지
養 양	我 아	是 시	虛 허	世 세	普 보	如 여
與 여	今 금	普 보	空 공	無 무	於 어	夢 몽
其 기	云 운	賢 현	所 소	變 변	十 십	身 신
同 동	何 하	淨 정	行 행	異 이	方 방	了 요
住 주	而 이	目 목	無 무	身 신	而 이	如 여
觀 관	得 득	所 소	礙 애	非 비	化 화	像 상
其 기	親 친	見 견	超 초	身 신	現 현	身 신
狀 상	近 근	如 여	諸 제	心 심	身 신	如 여
貌 모	承 승	是 시	世 세	身 신	住 주	淨 정

聽其音聲思其語言受其教
청기음성사기어언수기교

誨作是念已有主城神名曰
회작시념이유주성신명왈

寶眼眷屬圍遶於虛空中而
보안권속위요어허공중이

現其身種種妙物以爲嚴飾
현기신종종묘물이위엄식

手持無量衆色寶華以散善
수지무량중색보화이산선

財作如是言善男子應守護
재작여시언선남자응수호

心城謂不貪一切生死境界
심성위불탐일체생사경계

應(응)莊(장)嚴(엄)心(심)城(성)謂(위)專(전)意(의)趣(취)求(구)如(여)
來(래)十(십)力(력)應(응)淨(정)治(치)心(심)城(성)謂(위)畢(필)竟(경)
斷(단)除(제)慳(간)嫉(질)諂(첨)誑(광)應(응)淸(청)涼(량)心(심)城(성)
謂(위)思(사)惟(유)一(일)切(체)諸(제)法(법)實(실)性(성)應(응)增(증)
長(장)心(심)城(성)謂(위)成(성)辦(판)一(일)切(체)助(조)道(도)之(지)
法(법)應(응)嚴(엄)飾(식)心(심)城(성)謂(위)造(조)立(립)諸(제)禪(선)
解(해)脫(탈)宮(궁)殿(전)應(응)照(조)耀(요)心(심)城(성)謂(위)普(보)

사경의 공덕은 십만억 부처님께 공양한 것과 같은 공덕이 있습니다.

入一切諸佛道場聽受般若
입일체제불도량청수반야

波羅蜜法應增益心城謂普
바라밀법응증익심성위보

攝一切佛方便道應堅固心
섭일체불방편도응견고심

城謂恒勤修習普賢行願應
성위항근수습보현행원응

防護心城謂常專禦扞惡友
방호심성위상전어한악우

魔軍應廓徹心城謂開引一
마군응확철심성위개인일

切佛智光明應善補心城謂
체불지광명응선보심성위

사경의 공덕은 십만억 부처님께 공양한 것과 같은 공덕이 있습니다.

聽受一切佛所說法應扶助
청수일체불소설법응부조

心城謂深信一切佛功德海
심성위심신일체불공덕해

應廣大心城謂大慈普及一
응광대심성위대자보급일

切世間應善覆心城謂集衆
체세간응선복심성위집중

善法以覆其上應寬廣心城
선법이복기상응관광심성

謂大悲哀愍一切衆生應開
위대비애민일체중생응개

心城門謂悉捨所有隨應給
심성문위실사소유수응급

瑩 영	三 삼	無 무	城 성	諸 제	不 불	施 시
徹 철	世 세	退 퇴	謂 위	惡 악	令 령	應 응
心 심	一 일	轉 전	集 집	法 법	得 득	密 밀
城 성	切 체	應 응	一 일	不 불	入 입	護 호
謂 위	如 여	安 안	切 체	令 령	應 응	心 심
明 명	來 래	立 립	智 지	其 기	嚴 엄	城 성
達 달	所 소	心 심	助 조	住 주	肅 숙	謂 위
一 일	有 유	城 성	道 도	應 응	心 심	防 방
切 체	境 경	謂 위	之 지	決 결	城 성	諸 제
佛 불	界 계	正 정	法 법	定 정	謂 위	惡 악
正 정	應 응	念 념	恒 항	心 심	逐 축	欲 욕

法輪修多羅中所有法門種
種緣起應部分心城謂普曉
示一切衆生皆令得見薩婆
若道應住持心城謂發一切
三世如來諸大願海應富貴
心城謂集一切周徧法界大
福德聚應令心城明了謂普

知衆生根欲等法應令心城
지중생근욕등법응령심성

自在謂普攝一切十方法界
자재위보섭일체시방법계

應令心城清淨謂正念一切
응령심성청정위정념일체

諸佛如來應知心城自性謂
제불여래응지심성자성위

知一切法皆無有性應知心
지일체법개무유성응지심

城如幻謂以一切智了諸法
성여환위이일체지요제법

性
성

佛子菩薩摩訶薩若能如
불자보살마하살약능여

是淨修心城則能積集一切
시정수심성즉능적집일체

善法何以故蠲除一切諸障
선법하이고견제일체제장

難故所謂見佛障聞法障供
난고소위견불장문법장공

養如來障攝諸衆生障淨佛
양여래장섭제중생장정불

國土障善男子菩薩摩訶薩
국토장선남자보살마하살

以離如是諸障難故若發希
이리여시제장난고약발희

求(구)善(선)知(지)識(식)心(심)不(불)用(용)功(공)力(력)則(즉)便(편)
得(득)見(견)乃(내)至(지)究(구)竟(경)必(필)當(당)成(성)佛(불)爾(이)
時(시)有(유)身(신)衆(중)神(신)名(명)蓮(연)華(화)法(법)德(덕)及(급)
妙(묘)華(화)光(광)明(명)無(무)量(량)諸(제)神(신)前(전)後(후)圍(위)
遶(요)從(종)道(도)場(량)出(출)住(주)虛(허)空(공)中(중)於(어)善(선)
財(재)前(전)以(이)妙(묘)音(음)聲(성)種(종)種(종)稱(칭)歎(탄)摩(마)
耶(야)夫(부)人(인)從(종)其(기)耳(이)璫(당)放(방)無(무)量(량)色(색)

相光明網普照無邊諸佛世
상광명망보조무변제불세

界令善財見十方國土一切
계영선재견시방국토일체

諸佛其光明網右遶世間經
제불기광명망우요세간경

一帀已然後還來入善財頂
일잡이연후환래입선재정

乃至徧入身諸毛孔善財即
내지변입신제모공선재즉

得淨光明眼永離一切愚癡
득정광명안영리일체우치

闇故得離翳眼能了一切衆
암고득리예안능료일체중

사경의 공덕은 십만억 부처님께 공양한 것과 같은 공덕이 있습니다.

生性故得離垢眼能觀一切 (생성고득리구안능관일체)

法性門故得淨慧眼能觀一 (법성문고득정혜안능관일)

切佛國性故得毘盧遮那眼 (체불국성고득비로자나안)

見佛法身故得普光明眼見 (견불법신고득보광명안견)

佛平等不思議身故得無礙 (불평등부사의신고득무애)

光眼觀察一切刹海成壞故 (광안관찰일체찰해성괴고)

得普照眼見十方佛起大方 (득보조안견시방불기대방)

便(편)轉(전)正(정)法(법)輪(륜)故(고)得(득)普(보)境(경)界(계)眼(안)
見(견)無(무)量(량)佛(불)以(이)自(자)在(재)力(력)調(조)伏(복)衆(중)
生(생)故(고)得(득)普(보)見(견)眼(안)覩(도)一(일)切(체)刹(찰)諸(제)
佛(불)出(출)興(흥)故(고)時(시)有(유)守(수)護(호)菩(보)薩(살)法(법)
堂(당)羅(나)刹(찰)鬼(귀)王(왕)名(명)曰(왈)善(선)眼(안)與(여)其(기)
眷(권)屬(속)萬(만)羅(라)刹(찰)俱(구)於(어)虛(허)空(공)中(중)以(이)
衆(중)妙(묘)華(화)散(산)善(선)財(재)上(상)作(작)如(여)是(시)言(언)

善(선)男(남)子(자)菩(보)薩(살)成(성)就(취)十(십)法(법)則(즉)得(득)
親(친)近(근)諸(제)善(선)知(지)識(식)何(하)等(등)爲(위)十(십)所(소)
謂(위)其(기)心(심)淸(청)淨(정)離(이)諸(제)諂(첨)誑(광)大(대)悲(비)
平(평)等(등)普(보)攝(섭)衆(중)生(생)知(지)諸(제)衆(중)生(생)無(무)
有(유)眞(진)實(실)趣(취)一(일)切(체)智(지)心(심)不(불)退(퇴)轉(전)
以(이)信(신)解(해)力(력)普(보)入(입)一(일)切(체)諸(제)佛(불)道(도)
場(량)得(득)淨(정)慧(혜)眼(안)了(요)諸(제)法(법)性(성)大(대)慈(자)

사경의 공덕은 십만억 부처님께 공양한 것과 같은 공덕이 있습니다.

平(평)等(등)普(보)覆(부)衆(중)生(생)以(이)智(지)光(광)明(명)廓(확)

諸(제)妄(망)境(경)以(이)甘(감)露(로)雨(우)滌(척)生(생)死(사)熱(열)

以(이)廣(광)大(대)眼(안)徹(철)鑒(감)諸(제)法(법)心(심)常(상)隨(수)

順(순)諸(제)善(선)知(지)識(식)是(시)爲(위)十(십)復(부)次(차)佛(불)

子(자)菩(보)薩(살)成(성)就(취)十(십)種(종)三(삼)昧(매)門(문)則(즉)

常(상)現(현)見(견)諸(제)善(선)知(지)識(식)何(하)等(등)爲(위)十(십)

所(소)謂(위)法(법)空(공)淸(청)淨(정)輪(륜)三(삼)昧(매)觀(관)察(찰)

三 삼	德 덕	常 상	三 삼	佛 불	捨 사	十 십
昧 매	三 삼	見 견	昧 매	出 출	離 리	方 방
常 상	昧 매	一 일	心 심	興 흥	不 불	海 해
供 공	常 상	切 체	恒 항	三 삼	缺 결	三 삼
養 양	不 불	善 선	不 불	昧 매	滅 감	昧 매
一 일	離 리	知 지	捨 사	集 집	三 삼	於 어
切 체	一 일	識 식	善 선	一 일	昧 매	一 일
善 선	切 체	生 생	知 지	切 체	普 보	切 체
知 지	善 선	諸 제	識 식	功 공	見 견	境 경
識 식	知 지	佛 불	三 삼	德 덕	一 일	界 계
三 삼	識 식	功 공	昧 매	藏 장	切 체	不 불

사경의 공덕은 십만억 부처님께 공양한 것과 같은 공덕이 있습니다.

識 직	體 체	三 삼	又 우	三 삼	失 실	昧 매
說 설	性 성	昧 매	得 득	昧 매	三 삼	常 상
是 시	平 평	得 득	善 선	門 문	昧 매	於 어
語 어	等 등	此 차	知 지	常 상	佛 불	一 일
時 시	處 처	三 삼	識 식	得 득	子 자	切 체
善 선	處 처	昧 매	轉 전	親 친	菩 보	善 선
財 재	值 치	已 이	一 일	近 근	薩 살	知 지
童 동	遇 우	悉 실	切 체	諸 제	成 성	識 식
子 자	諸 제	知 지	佛 불	善 선	就 취	所 소
仰 앙	善 선	諸 제	法 법	知 지	此 차	無 무
視 시	知 시	佛 불	輪 륜	識 식	十 십	過 과

사경의 공덕은 십만억 부처님께 공양한 것과 같은 공덕이 있습니다.

識 식	男 남	聚 취	詣 예	見 견	爲 위	空 공
正 정	子 자	落 락	善 선	善 선	哀 애	中 중
念 념	汝 여	求 구	知 지	知 지	愍 민	而 이
思 사	應 응	善 선	識 식	識 식	攝 섭	答 답
惟 유	普 보	知 지	所 소	願 원	受 수	之 지
一 일	禮 례	識 식	於 어	爲 위	我 아	言 언
切 체	十 시	羅 나	何 하	我 아	故 고	善 선
境 경	方 방	刹 찰	方 방	說 설	方 방	哉 재
界 계	求 구	答 답	處 처	云 운	便 편	善 선
求 구	善 선	言 언	城 성	何 하	教 교	哉 재
善 선	知 지	善 선	邑 읍	往 왕	我 아	汝 여

知(지)識(식)勇(용)猛(맹)自(자)在(재)徧(변)遊(유)十(시)方(방)求(구)

善(선)知(지)識(식)觀(관)身(신)觀(관)心(심)如(여)夢(몽)如(여)影(영)

求(구)善(선)知(지)識(식)爾(이)時(시)善(선)財(재)受(수)行(행)其(기)

教(교)卽(즉)時(시)覩(도)見(견)大(대)寶(보)蓮(련)華(화)從(종)地(지)

涌(용)出(출)金(금)剛(강)爲(위)莖(경)妙(묘)寶(보)爲(위)藏(장)摩(마)

尼(니)爲(위)葉(엽)光(광)明(명)爲(위)寶(보)王(왕)以(이)爲(위)其(기)臺(대)

衆(중)寶(보)色(색)香(향)以(이)爲(위)其(기)鬚(수)無(무)數(수)寶(보)

사경의 공덕은 십만억 부처님께 공양한 것과 같은 공덕이 있습니다.

樓 루	垂 수	金 금	一 일	妙 묘	樓 누	網 망
觀 관	下 하	以 이	切 체	嚴 엄	觀 관	彌 미
中 중	階 계	爲 위	皆 개	飾 식	名 명	覆 부
有 유	陛 폐	其 기	以 이	金 금	普 보	其 기
如 여	欄 판	壁 벽	摩 마	剛 강	納 납	上 상
意 의	楯 순	衆 중	尼 니	爲 위	十 십	於 어
寶 보	周 주	寶 보	寶 보	地 지	方 방	其 기
蓮 연	帀 잡	瓔 영	成 성	千 천	法 법	臺 대
華 화	莊 장	珞 락	閻 염	柱 주	界 계	上 상
之 지	嚴 엄	四 사	浮 부	行 행	藏 장	有 유
座 좌	其 기	面 면	檀 단	列 렬	奇 기	一 일

身 신	聲 성	雨 우	風 풍	其 기	楯 순	種 종
中 중	寶 보	衆 중	徐 서	上 상	寶 보	種 종
流 유	戶 호	妙 묘	動 동	衆 중	衣 의	衆 중
出 출	牖 유	華 화	光 광	寶 보	間 간	寶 보
香 향	間 간	寶 보	流 류	繒 회	列 열	以 이
水 수	垂 수	鈴 령	響 향	幡 번	寶 보	爲 위
寶 보	諸 제	鐸 탁	發 발	周 주	帳 장	嚴 엄
象 상	瓔 영	中 중	寶 보	帀 잡	寶 보	飾 식
口 구	珞 락	出 출	華 화	垂 수	網 망	妙 묘
中 중	摩 마	美 미	幢 당	下 하	以 이	寶 보
出 출	尼 니	音 음	中 중	微 미	覆 복	欄 란

蓮華網寶師子口吐妙香雲
연화망보사자구토묘향운

梵形寶輪出隨樂音金剛寶
범형보륜출수악음금강보

鈴出諸菩薩大願之音寶月
령출제보살대원지음보월

幢中出佛化形淨藏寶王現
당중출불화형정장보왕현

三世佛受生次第日藏摩尼
삼세불수생차제일장마니

放大光明徧照十方一切佛
방대광명변조시방일체불

剎摩尼寶王放一切佛圓滿
찰마니보왕방일체불원만

爾 이	讚 찬	宮 궁	變 변	如 여	供 공	光 광
時 시	如 여	殿 전	充 충	意 의	養 양	明 명
善 선	來 래	天 천	滿 만	珠 주	雲 운	毘 비
財 재	不 불	諸 제	法 법	王 왕	供 공	盧 로
見 견	可 가	婇 채	界 계	念 염	養 양	遮 차
如 여	思 사	女 녀	須 수	念 념	一 일	那 나
是 시	議 의	種 종	彌 미	示 시	切 체	摩 마
座 좌	微 미	種 종	寶 보	現 현	諸 제	尼 니
復 부	妙 묘	妙 묘	王 왕	普 보	佛 불	寶 보
有 유	功 공	音 음	出 출	賢 현	如 여	王 왕
無 무	德 덕	歌 가	天 천	神 신	來 래	興 흥

量(량) 衆(중) 座(좌) 圍(위) 遶(요) 摩(마) 耶(야) 夫(부) 人(인) 在(재) 彼(피)
座(좌) 上(상) 於(어) 一(일) 切(체) 衆(중) 生(생) 前(전) 現(현) 淨(정) 色(색)
身(신) 所(소) 謂(위) 超(초) 三(삼) 界(계) 色(색) 身(신) 已(이) 出(출) 一(일)
切(체) 諸(제) 有(유) 趣(취) 故(고) 隨(수) 心(심) 樂(락) 色(색) 身(신) 於(어)
一(일) 切(체) 世(세) 間(간) 無(무) 所(소) 着(착) 故(고) 普(보) 周(주) 偏(변)
色(색) 身(신) 等(등) 於(어) 一(일) 切(체) 衆(중) 生(생) 數(수) 故(고) 無(무)
等(등) 比(비) 色(색) 身(신) 令(영) 一(일) 切(체) 衆(중) 生(생) 滅(멸) 倒(도)

見(견)故(고)無(무)量(량)種(종)色(색)身(신)隨(수)衆(중)生(생)心(심)
種(종)種(종)現(현)故(고)無(무)邊(변)相(상)色(색)身(신)普(보)現(현)
種(종)種(종)諸(제)形(형)相(상)故(고)普(보)對(대)現(현)色(색)身(신)
以(이)大(대)自(자)在(재)而(이)示(시)現(현)故(고)化(화)一(일)切(체)
色(색)身(신)隨(수)其(기)所(소)應(응)而(이)現(현)前(전)故(고)恒(항)
示(시)現(현)色(색)身(신)盡(진)衆(중)生(생)界(계)而(이)無(무)盡(진)
故(고)無(무)去(거)色(색)身(신)於(어)一(일)切(체)趣(취)無(무)所(소)

滅故無來色身於諸世間無
장고무래색신어제세간무

所出故不生色身無生起故
소출고부생색신무생기고

不滅色身離語言故非實色
불멸색신이어언고비실색

身得如實故非虛色身隨世
신득여실고비허색신수세

現故無動色身生滅永離故
현고무동색신생멸영리고

不壞色身法性不壞故無相
불괴색신법성불괴고무상

色身言語道斷故一相色身
색신언어도단고일상색신

生 생	淨 정	身 신	影 영	故 고	應 응	無 무
故 고	如 여	隨 수	色 색	如 여	現 현	相 상
無 무	空 공	心 심	身 신	焰 염	故 고	爲 위
礙 애	故 고	而 이	隨 수	色 색	如 여	相 상
色 색	大 대	現 현	願 원	身 신	幻 환	故 고
身 신	悲 비	故 고	現 현	但 단	色 색	如 여
念 념	色 색	法 법	生 생	想 상	身 신	像 상
念 념	身 신	界 계	故 고	所 소	幻 환	色 색
周 주	常 상	色 색	如 여	持 지	智 지	身 신
徧 변	護 호	身 신	夢 몽	故 고	所 소	隨 수
法 법	衆 중	性 성	色 색	如 여	生 생	心 심

界계 故고 無무 邊변 色색 身신 普보 淨정 一일 切체 衆중

生생 故고 無무 量량 色색 身신 超초 出출 一일 切체 語어

言언 故고 無무 住주 色색 身신 願원 度도 一일 切체 世세

間간 故고 無무 處처 色색 身신 恒항 化화 衆중 生생 不부

斷단 故고 無무 生생 色색 身신 幻환 願원 所소 成성 故고

無무 勝승 色색 身신 超초 諸제 世세 間간 故고 如여 實실

色색 身신 定정 心신 所소 現현 故고 不불 生생 色색 身신

사경의 공덕은 십만억 부처님께 공양한 것과 같은 공덕이 있습니다.

隨衆生業而出現故如意珠
수중생업이출현고여의주

色身普滿一切衆生願故無
색신보만일체중생원고무

分別色身但隨衆生分別起
분별색신단수중생분별기

故離分別色身一切衆生不
고이분별색신일체중생불

能知故無盡色身盡諸衆生
능지고무진색신진제중생

生死際故淸淨色身同於如
생사제고청정색신동어여

來無分別故如是身者非色
래무분별고여시신자비색

所有色相如影像故非受世
소유색상여영상고비수세

間苦受究竟滅故非想但隨
간고수구경멸고비상단수

衆生想所現故非行依如幻
중생상소현고비행의여환

業而成就故離識菩薩願智
업이성취고이식보살원지

空無性故一切衆生語言斷
공무성고일체중생어언단

故已得成就寂滅身故
고이득성취적멸신고

爾時善財童子又見摩耶
이시선재동자우견마야

夫人隨諸衆生心之所樂現
부인수제중생심지소락현

超過一切世間色身所謂或
초과일체세간색신소위혹

現超過他化自在天女身乃
현초과타화자재천녀신내

至超過四大天王天女身或
지초과사대천왕천녀신혹

現超過龍女身乃至超過人
현초과룡녀신내지초과인

女身現如是等無量色身饒
녀신현여시등무량색신요

益衆生集一切智助道之法
익중생집일체지조도지법

衆 증	界 계	具 구	察 찰	功 공	覆 부	行 행
生 생	得 득	衆 중	思 사	德 덕	一 일	於 어
煩 번	如 여	定 정	惟 유	修 수	切 체	平 평
惱 뇌	來 래	門 문	諸 제	習 습	世 세	等 등
巨 거	定 정	住 주	法 법	增 증	間 간	檀 단
海 해	圓 원	於 어	實 실	長 장	出 출	波 바
心 심	滿 만	平 평	性 성	一 일	生 생	羅 라
常 상	光 광	等 등	獲 획	切 체	如 여	蜜 밀
正 정	明 명	三 삼	深 심	智 지	來 래	大 대
定 정	消 소	昧 매	忍 인	心 심	無 무	悲 비
未 미	竭 갈	境 경	海 해	觀 관	量 량	普 보

嘗(상) 動(동) 亂(란) 恒(항) 轉(전) 清(청) 淨(정) 不(불) 退(퇴) 法(법) 輪(륜)

善(선) 能(능) 了(료) 知(지) 一(일) 切(체) 佛(불) 法(법) 恒(항) 以(이) 智(지)

慧(혜) 觀(관) 法(법) 實(실) 相(상) 見(견) 諸(제) 如(여) 來(래) 心(심) 無(무)

厭(염) 足(족) 知(지) 三(삼) 世(세) 佛(불) 出(출) 興(흥) 次(차) 第(제) 見(견)

佛(불) 三(삼) 昧(매) 常(상) 現(현) 在(재) 前(전) 了(요) 達(달) 如(여) 來(래)

出(출) 現(현) 於(어) 世(세) 無(무) 量(량) 無(무) 數(수) 諸(제) 清(청) 淨(정)

道(도) 行(행) 於(어) 諸(제) 佛(불) 虛(허) 空(공) 境(경) 界(계) 普(보) 攝(섭)

摧 최	淨 정	菩 보	生 생	淨 정	佛 불	衆 중
一 일	無 무	薩 살	心 심	諸 제	無 무	生 생
切 체	染 염	自 자	恒 항	佛 불	量 량	各 각
魔 마	而 이	在 재	徧 변	刹 찰	清 청	隨 수
力 력	恒 항	神 신	入 입	究 구	淨 정	其 기
成 성	示 시	力 력	諸 제	竟 경	法 법	心 심
大 대	現 현	已 이	佛 불	調 조	身 신	教 교
善 선	無 무	得 득	境 경	伏 복	成 성	化 화
根 근	量 량	法 법	界 계	一 일	就 취	成 성
力 력	色 색	身 신	出 출	切 체	大 대	就 취
出 출	身 신	清 청	生 생	衆 중	願 원	入 입

사경의 공덕은 십만억 부처님께 공양한 것과 같은 공덕이 있습니다.

廣 광	刹 찰	解 해	悉 실	切 체	菩 보	生 생
大 대	海 해	種 종	知 지	智 지	薩 살	正 정
眼 안	悉 실	種 종	無 무	力 력	自 자	法 법
見 견	知 지	差 차	量 량	得 득	在 재	力 력
十 시	諸 제	別 별	衆 중	佛 불	之 지	具 구
方 방	刹 찰	其 기	生 생	智 지	力 력	足 족
海 해	成 성	身 신	心 심	光 광	速 속	諸 제
以 이	壞 괴	普 보	海 해	普 보	疾 질	佛 불
周 주	之 지	徧 변	根 근	照 조	增 증	力 력
徧 편	相 상	十 시	性 성	一 일	長 장	得 득
智 지	以 이	方 방	欲 욕	切 체	一 일	諸 제

稱 칭	道 도	從 종	薩 살	一 일	海 해	知 지
揚 양	常 상	初 초	智 지	切 체	心 심	三 삼
諸 제	勤 근	發 발	慧 혜	如 여	恒 항	世 세
佛 불	守 수	心 심	常 상	來 래	納 납	海 해
功 공	護 호	乃 내	樂 락	功 공	受 수	身 신
德 덕	一 일	至 지	觀 관	德 덕	一 일	普 보
願 원	切 체	成 성	察 찰	出 출	切 체	承 승
爲 위	衆 중	就 취	一 일	生 생	法 법	事 사
一 일	生 생	所 소	切 체	一 일	海 해	一 일
切 체	常 상	行 행	菩 보	切 체	修 수	切 체
菩 보	樂 락	之 지	薩 살	菩 보	習 습	佛 불

薩(살)之(지)母(모)爾(이)時(시)善(선)財(재)童(동)子(자)見(견)摩(마)

耶(야)夫(부)人(인)現(현)如(여)是(시)等(등)閻(염)浮(부)提(제)微(미)

塵(진)數(수)諸(제)方(방)便(편)門(문)旣(기)見(견)是(시)已(이)如(여)

摩(마)耶(야)夫(부)人(인)所(소)現(현)身(신)數(수)善(선)財(재)亦(역)

現(현)作(작)爾(이)許(허)身(신)於(어)一(일)切(체)處(처)摩(마)耶(야)

之(지)前(전)恭(공)敬(경)禮(례)拜(배)卽(즉)時(시)證(증)得(득)無(무)

量(량)無(무)數(수)諸(제)三(삼)昧(매)門(문)分(분)別(별)觀(관)察(찰)

修行證入從三昧起右遶摩
수행증입종삼매기우요마

耶幷其眷屬合掌而立白言
야병기권속합장이립백언

大聖文殊師利菩薩教我發
대성문수사리보살교아발

阿耨多羅三藐三菩提心求
아뇩다라삼먁삼보리심구

善知識親近供養我於一一
선지식친근공양아어일일

善知識所皆往承事無空過
선지식소개왕승사무공과

者漸來至此願爲我說菩薩
자점래지차원위아설보살

云何學菩薩行而得成就答
(운 하 학 보 살 행 이 득 성 취 답)

言佛子我已成就菩薩大願
(언 불 자 아 이 성 취 보 살 대 원)

智幻解脫門是故常爲諸菩
(지 환 해 탈 문 시 고 상 위 제 보)

薩母佛子如我於此閻浮提
(살 모 불 자 여 아 어 차 염 부 제)

中迦毘羅城淨飯王家右脇
(중 가 비 라 성 정 반 왕 가 우 협)

而生悉達太子現不思議自
(이 생 실 달 태 자 현 부 사 의 자)

在神變如是乃至盡此世界
(재 신 변 여 시 내 지 진 차 세 계)

사경의 공덕은 십만억 부처님께 공양한 것과 같은 공덕이 있습니다.

海해所소有유一일切체毘비盧로遮자那나如여來래
皆개入입我아身신示시現현誕탄生생自자在재神신
變변又우善선男남子자我아於어淨정飯반王왕宮궁
菩보薩살將장欲욕下하生생之지時시見견菩보薩살
身신一일一일毛모孔공咸함放방光광明명名명一일
切체如여來래受수生생功공德덕輪륜一일一일毛모
孔공皆개現현不불可가說설不불可가說설佛불刹찰

사경의 공덕은 십만억 부처님께 공양한 것과 같은 공덕이 있습니다.

微塵數菩薩受生莊嚴彼諸
미진수보살수생장엄피제

光明皆悉普照一切世界照
광명개실보조일체세계조

世界已來入我頂乃至一切
세계이래입아정내지일체

諸毛孔中又彼光中普現一
제모공중우피광중보현일

切菩薩名號受生神變宮殿
체보살명호수생신변궁전

眷屬五欲自娛又見出家往
권속오욕자오우견출가왕

詣道場成等正覺坐師子座
예도장성등정각좌사자좌

菩(보)薩(살)圍(위)遶(요)諸(제)王(왕)供(공)養(양)爲(위)諸(제)大(대)
衆(중)轉(전)正(정)法(법)輪(륜)又(우)見(견)如(여)來(래)往(왕)昔(석)
修(수)行(행)菩(보)薩(살)道(도)時(시)於(어)諸(제)佛(불)所(소)恭(공)
敬(경)供(공)養(양)發(발)菩(보)提(제)心(심)淨(정)佛(불)國(국)土(토)
念(염)念(념)示(시)現(현)無(무)量(량)化(화)身(신)充(충)徧(변)十(시)
方(방)一(일)切(체)世(세)界(계)乃(내)至(지)最(최)後(후)入(입)般(반)
涅(열)槃(반)如(여)是(시)等(등)事(사)靡(미)不(불)皆(개)見(견)又(우)

善男子彼妙光明入我身時
선남자피묘광명입아신시

我身形量雖不踰本然其實
아신형량수불유본연기실

已超諸世間所以者何我身
이초제세간소이자하아신

爾時量同虛空悉能容受十
이시량동허공실능용수시

方菩薩受生莊嚴諸宮殿故
방보살수생장엄제궁전고

爾時菩薩從兜率天將降神
이시보살종도솔천장강신

時有十佛刹微塵數諸菩薩
시유십불찰미진수제보살

皆(개)與(여)菩(보)薩(살)同(동)願(원)同(동)行(행)同(동)善(선)根(근)
同(동)莊(장)嚴(엄)同(동)解(해)脫(탈)同(동)智(지)慧(혜)諸(제)地(지)
諸(제)力(력)法(법)身(신)色(색)身(신)乃(내)至(지)普(보)賢(현)神(신)
通(통)行(행)願(원)悉(실)皆(개)同(동)等(등)如(여)是(시)菩(보)薩(살)
前(전)後(후)圍(위)遶(요)又(우)有(유)八(팔)萬(만)諸(제)龍(룡)王(왕)
等(등)一(일)切(체)世(세)主(주)乘(승)其(기)宮(궁)殿(전)俱(구)來(래)
供(공)養(양)菩(보)薩(살)爾(이)時(시)以(이)神(신)通(통)力(력)與(여)

사경의 공덕은 십만억 부처님께 공양한 것과 같은 공덕이 있습니다.

諸菩薩普現一切兜率天宮
제보살보현일체도솔천궁

一一宮中悉現十方一切世
일일궁중실현시방일체세

界閻浮提內受生影像方便
계염부제내수생영상방편

教化無量衆生令諸菩薩離
교화무량중생영제보살이

諸懈怠無所執着又以神力
제해태무소집착우이신력

放大光明普照世間破諸黑
방대광명보조세간파제흑

闇滅諸苦惱令諸衆生皆識
암멸제고뇌영제중생개식

宿世所有業行永出惡道又
숙세소유업행영출악도우

爲救護一切衆生普現其前
위구호일체중생보현기전

作諸神變現如是等諸奇特
작제신변현여시등제기특

事與眷屬俱來入我身彼諸
사여권속구내입아신피제

菩薩於我腹中遊行自在或
보살어아복중유행자재혹

以三千大千世界而爲一步
이삼천대천세계이위일보

或以不可說不可說佛刹微
혹이불가설불가설불찰미

사경의 공덕은 십만억 부처님께 공양한 것과 같은 공덕이 있습니다.

入 입	神 신	界 계	四 사	世 세	中 중	塵 진
我 아	變 변	諸 제	天 천	界 계	十 시	數 수
身 신	恭 공	梵 범	王 왕	諸 제	方 방	世 세
雖 수	敬 경	天 천	天 천	如 여	不 불	界 계
我 아	供 공	王 왕	三 삼	來 래	可 가	而 이
腹 복	養 양	欲 욕	十 십	所 소	說 설	爲 위
中 중	聽 청	見 견	三 삼	菩 보	不 불	一 일
悉 실	受 수	菩 보	天 천	薩 살	可 가	步 보
能 능	王 왕	薩 살	乃 내	衆 중	說 설	又 우
容 용	法 법	處 처	至 지	會 회	一 일	念 념
受 수	皆 개	胎 태	色 색	及 급	切 체	念 념

如是衆會而身不廣大亦不
여시중회이신불광대역불

迫窄其諸菩薩各見自處衆
박착기제보살각견자처중

會道場淸淨嚴飾善男子如
회도량청정엄식선남자여

此四天下閻浮提中菩薩受
차사천하염부제중보살수

生我爲其母三千大千世界
생아위기모삼천대천세계

百億四天下閻浮提中悉亦
백억사천하염부제중실역

如是然我此身本來無二非
여시연아차신본래무이비

사경의 공덕은 십만억 부처님께 공양한 것과 같은 공덕이 있습니다.

一處住非多處住何以故以
일처주비다처주하이고이

修菩薩大願智幻莊嚴解脫
수보살대원지환장엄해탈

門故善男子如今世尊我爲
문고선남자여금세존아위

其母往昔所有無量諸佛悉
기모왕석소유무량제불실

亦如是而爲其母善男子我
역여시이위기모선남자아

昔曾作蓮華池神時有菩薩
석증작련화지신시유보살

於蓮華藏忽然化生我卽捧
어련화장홀연화생아즉봉

사경의 공덕은 십만억 부처님께 공양한 것과 같은 공덕이 있습니다.

持지 瞻첨 侍시 養양 育육 一일 切체 世세 間간 皆개 共공

號호 我아 爲위 菩보 薩살 母모 又우 我아 昔석 爲위 菩보

提제 場장 神신 時시 有유 菩보 薩살 於어 我아 懷회 中중

忽홀 然연 化화 生생 世세 亦역 號호 我아 爲위 菩보 薩살

母모 善선 男남 子자 有유 無무 量량 最최 後후 身신 菩보

薩살 於어 此차 世세 界계 種종 種종 方방 便편 示시 現현

受수 生생 我아 皆개 爲위 母모 善선 男남 子자 如여 此차

一 일	時 시	彌 미	受 수	佛 불	留 류	世 세
切 체	放 방	勒 륵	生 생	及 급	孫 손	界 계
諸 제	大 대	菩 보	時 시	今 금	佛 불	賢 현
菩 보	光 광	薩 살	我 아	世 세	拘 구	劫 겁
薩 살	明 명	從 종	爲 위	尊 존	那 나	之 지
衆 중	普 보	兜 도	其 기	釋 석	含 함	中 중
受 수	照 조	率 솔	母 모	迦 가	牟 모	過 과
生 생	法 법	天 천	未 미	牟 모	尼 니	去 거
神 신	界 계	將 장	來 래	尼 니	佛 불	世 세
變 변	示 시	降 강	世 세	佛 불	迦 가	時 시
乃 내	現 현	神 신	中 중	現 현	葉 섭	拘 구

佛 불	光 광	佛 불	淨 정	第 제	我 아	於 어
淸 청	佛 불	善 선	華 화	有 유	於 어	人 인
淨 정	持 지	意 의	佛 불	師 사	彼 피	間 간
義 의	炬 거	佛 불	華 화	子 자	時 시	生 생
佛 불	佛 불	金 금	德 덕	佛 불	亦 역	大 대
紺 감	名 명	剛 강	佛 불	法 법	爲 위	族 족
身 신	稱 칭	佛 불	提 제	幢 당	其 기	家 가
佛 불	佛 불	離 이	舍 사	佛 불	母 모	調 조
到 도	金 금	垢 구	佛 불	善 선	如 여	伏 복
彼 피	剛 강	佛 불	弗 불	眼 안	是 시	衆 중
岸 안	楯 순	月 월	沙 사	佛 불	次 차	生 생

莊 장	淨 정	音 음	德 덕	燈 등	佛 불	佛 불
嚴 엄	佛 불	佛 불	佛 불	佛 불	名 명	寶 보
頂 정	大 대	勝 승	無 무	莊 장	稱 칭	焰 염
髻 계	光 광	怨 원	住 주	嚴 엄	佛 불	山 산
佛 불	佛 불	敵 적	佛 불	身 신	無 무	佛 불
樹 수	淨 정	佛 불	大 대	佛 불	量 량	持 지
王 왕	心 심	離 이	威 위	善 선	功 공	明 명
佛 불	佛 불	疑 의	光 광	威 위	德 덕	佛 불
寶 보	雲 운	惑 혹	佛 불	儀 의	佛 불	蓮 연
璫 당	德 덕	佛 불	無 무	佛 불	最 최	華 화
佛 불	佛 불	清 청	邊 변	慈 자	勝 승	德 덕

妙 묘	在 재	慧 혜	佛 불	勝 승	佛 불	海 해
德 덕	佛 불	佛 불	觀 관	佛 불	大 대	慧 혜
藏 장	最 최	自 자	察 찰	栴 전	自 자	佛 불
佛 불	勝 승	在 재	慧 혜	檀 단	在 재	妙 묘
寶 보	頂 정	名 명	佛 불	雲 운	佛 불	寶 보
網 망	佛 불	佛 불	熾 치	佛 불	妙 묘	佛 불
嚴 엄	金 금	師 사	盛 성	紺 감	德 덕	華 화
身 신	剛 강	子 자	王 왕	眼 안	王 왕	冠 관
佛 불	智 지	王 왕	佛 불	佛 불	佛 불	佛 불
善 선	山 산	佛 불	堅 견	勝 승	最 최	滿 만
慧 혜	佛 불	自 자	固 고	慧 혜	尊 존	願 원

佛自在天佛大天王佛無依
불자재천불대천왕불무의

德佛善施佛焰慧佛水天佛
덕불선시불염혜불수천불

得上味佛出生無上功德佛
득상미불출생무상공덕불

仙人侍衛佛隨世語言佛功
선인시위불수세어언불공

德自在幢佛光幢佛觀身佛
덕자재당불광당불관신불

妙身佛香焰佛金剛寶嚴佛
묘신불향염불금강보엄불

喜眼佛離欲佛高大身佛財
희안불이욕불고대신불재

深 심	一 일	佛 불	智 지	有 유	覺 각	天 천
自 자	義 의	圓 원	焰 염	佛 불	佛 불	佛 불
在 재	佛 불	滿 만	德 덕	毘 비	滅 멸	無 무
佛 불	百 백	淸 청	佛 불	舍 사	貪 탐	上 상
大 대	光 광	淨 정	安 안	佉 겁	佛 불	天 천
地 지	明 명	佛 불	隱 은	天 천	大 대	佛 불
王 왕	佛 불	淸 청	佛 불	佛 불	焰 염	順 순
佛 불	最 최	淨 정	師 사	金 금	王 왕	寂 적
莊 장	增 증	賢 현	子 자	剛 강	佛 불	滅 멸
嚴 엄	上 상	佛 불	出 출	山 산	寂 적	佛 불
王 왕	佛 불	第 제	現 현	佛 불	諸 제	智 지

無 무	佛 불	佛 불	日 일	無 무	在 재	佛 불
能 능	藥 약	光 광	天 천	礙 애	佛 불	解 해
勝 승	王 왕	明 명	佛 불	光 광	無 무	脫 탈
佛 불	佛 불	門 문	出 출	佛 불	上 상	佛 불
無 무	寶 보	佛 불	諸 제	功 공	醫 의	妙 묘
能 능	勝 승	娑 사	有 유	德 덕	王 왕	音 음
暎 영	佛 불	羅 라	佛 불	聚 취	佛 불	佛 불
蔽 폐	金 금	王 왕	勇 용	佛 불	功 공	殊 수
佛 불	剛 강	佛 불	猛 맹	月 월	德 덕	勝 승
衆 중	慧 혜	最 최	名 명	現 현	月 월	佛 불
會 회	佛 불	勝 승	稱 칭	佛 불	佛 불	自 자

사경의 공덕은 십만억 부처님께 공양한 것과 같은 공덕이 있습니다.

王(왕) 佛(불) 大(대) 名(명) 稱(칭) 佛(불) 敏(민) 持(지) 佛(불) 無(무) 量(량)
光(광) 佛(불) 大(대) 願(원) 光(광) 佛(불) 法(법) 自(자) 在(재) 不(불) 虛(허)
佛(불) 不(불) 退(퇴) 地(지) 佛(불) 淨(정) 天(천) 佛(불) 善(선) 天(천) 佛(불)
堅(견) 固(고) 苦(고) 行(행) 佛(불) 一(일) 切(체) 善(선) 友(우) 佛(불) 解(해)
脫(탈) 音(음) 佛(불) 遊(유) 戲(희) 王(왕) 佛(불) 滅(멸) 邪(사) 曲(곡) 佛(불)
薝(담) 蔔(복) 淨(정) 光(광) 佛(불) 具(구) 衆(중) 德(덕) 佛(불) 最(최) 勝(승)
月(월) 佛(불) 執(집) 明(명) 炬(거) 佛(불) 殊(수) 妙(묘) 身(신) 佛(불) 不(불)

佛 불	普 보	慧 혜	焰 염	德 덕	佛 불	可 가
無 무	散 산	佛 불	佛 불	佛 불	無 무	說 설
礙 애	華 화	集 집	不 불	不 부	量 량	佛 불
見 견	佛 불	功 공	退 퇴	動 동	光 광	最 최
佛 불	師 사	德 덕	慧 혜	慧 혜	佛 불	淸 청
破 파	子 자	蘊 온	佛 불	光 광	無 무	淨 정
他 타	吼 후	佛 불	離 이	佛 불	畏 외	佛 불
軍 군	佛 불	滅 멸	愛 애	華 화	音 음	友 우
佛 불	第 제	惡 악	佛 불	勝 승	佛 불	安 안
不 불	一 일	趣 취	無 무	佛 불	水 수	衆 중
着 착	義 의	佛 불	着 착	月 월	天 천	生 생

相 상 佛 불 離 이 分 분 別 별 海 해 佛 불 端 단 嚴 엄 海 해 佛 불

須 수 彌 미 山 산 佛 불 無 무 着 착 智 지 佛 불 無 무 邊 변 座 좌

佛 불 清 청 淨 정 住 주 佛 불 隨 수 師 사 行 행 佛 불 最 최 上 상

施 시 佛 불 常 상 月 월 佛 불 饒 보 益 섭 王 수 佛 불 不 요 動 익

聚 취 佛 불 普 보 攝 섭 受 수 佛 불 饒 요 益 익 慧 혜 佛 불 持 지

壽 수 佛 불 無 무 滅 멸 佛 불 具 구 足 족 名 명 稱 칭 佛 불 大 대

威 위 力 력 佛 불 種 종 種 종 色 색 相 상 佛 불 無 무 相 상 慧 혜

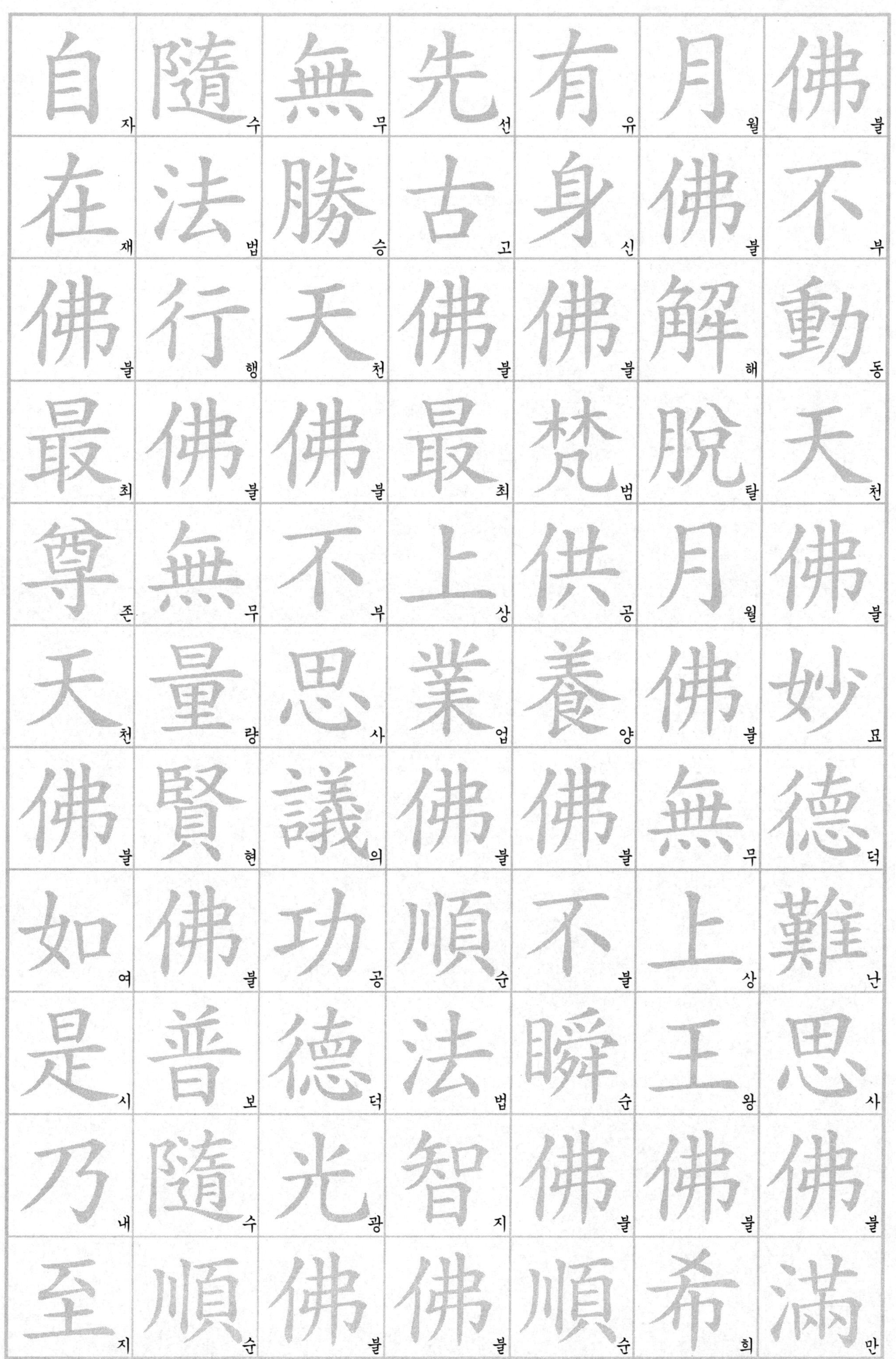
佛不動天佛妙德難思佛滿
月佛解脫月佛無上王佛希
有身佛梵供養佛不瞬佛順
先古佛最上業佛順法智佛
無勝天佛不思議功德光佛
隨法行佛無量賢佛普隨順
自在佛最尊天佛如是乃至

樓至如來在賢劫中於此三
루지여래재현겁중어차삼

千大千世界當成佛者悉爲
천대천세계당성불자실위

其母如於此三千大千世界
기모여어차삼천대천세계

如是於此世界海十方無量
여시어차세계해시방무량

諸世界一切劫中諸有修行
제세계일체겁중제유수행

普賢行願爲化一切諸衆生
보현행원위화일체제중생

者我自見身悉爲其母
자아자견신실위기모

諸 제	名 명	通 통	不 불	時 시	人 인	
山 산	淨 정	道 도	可 가	答 답	言 언	爾 이
五 오	光 광	眼 안	思 사	言 언	大 대	時 시
趣 취	世 세	所 소	議 의	善 선	聖 성	善 선
雜 잡	界 계	知 지	非 비	男 남	得 득	財 재
居 거	名 명	劫 겁	最 최	子 자	此 차	童 동
然 연	須 수	數 수	後 후	乃 내	解 해	子 자
其 기	彌 미	爾 이	身 신	往 왕	脫 탈	白 백
國 국	德 덕	時 시	菩 보	古 고	經 경	摩 마
土 토	雖 수	有 유	薩 살	世 세	今 금	耶 야
衆 중	有 유	劫 겁	神 신	過 과	幾 기	夫 부

寶所成淸淨莊嚴無諸穢惡
보소성청정장엄무제예악

有千億四天下有一四天下
유천억사천하유일사천하

名師子幢於中有八十億王
명사자당어중유팔십억왕

城有一王城名自在幢有轉
성유일왕성명자재당유전

輪王名大威德彼王城北有
륜왕명대위덕피왕성북유

一道場名滿月光明其道場
일도량명만월광명기도량

神名曰慈德時有菩薩名離
신명왈자덕시유보살명리

故 고	遶 요	自 자	德 덕	無 무	一 일	垢 구
彼 피	道 도	在 재	轉 전	量 량	惡 악	幢 당
菩 보	場 량	化 화	輪 륜	衆 중	魔 마	坐 좌
薩 살	諸 제	作 작	聖 성	俱 구	名 명	於 어
得 득	魔 마	兵 병	王 왕	至 지	金 금	道 도
成 성	惶 황	衆 중	已 이	菩 보	色 색	場 량
阿 아	怖 포	其 기	得 득	薩 살	光 광	將 장
耨 녹	悉 실	數 수	菩 보	所 소	與 여	成 성
多 다	自 자	倍 배	薩 살	彼 피	其 기	正 정
羅 라	奔 분	多 다	神 신	大 대	眷 권	覺 각
三 삼	散 산	圍 위	通 통	威 위	屬 속	有 유

사경의 공덕은 십만억 부처님께 공양한 것과 같은 공덕이 있습니다.

藐(먁)三(삼)菩(보)提(리)時(시)道(도)場(량)神(신)見(견)是(시)事(사)
已(이)歡(환)喜(희)無(무)量(량)便(편)於(어)彼(피)王(왕)而(이)生(생)
子(자)想(상)頂(정)禮(례)佛(불)足(족)作(작)是(시)願(원)言(언)此(차)
轉(전)輪(륜)王(왕)在(재)在(재)生(생)處(처)乃(내)至(지)成(성)佛(불)
願(원)我(아)常(상)得(득)與(여)其(기)爲(위)母(모)作(작)是(시)願(원)
已(이)於(어)此(차)道(도)場(량)復(부)曾(증)供(공)養(양)十(십)那(나)
由(유)他(타)佛(불)善(선)男(남)子(자)於(어)汝(여)意(의)云(운)何(하)

彼피 道도 場량 神신 豈기 異이 人인 乎호 我아 身신 是시

也야 轉전 輪륜 王왕 者자 今금 世세 尊존 毘비 盧로 遮자

那나 是시 我아 從종 於어 彼피 發발 願원 已이 來래 此차

佛불 世세 尊존 於어 十시 方방 剎찰 一일 切체 諸제 趣취

處처 處처 受수 生생 種종 諸제 善선 根근 修수 菩보 薩살

行행 敎교 化화 成성 就취 一일 切체 衆중 生생 乃내 至지

示시 現현 住주 最최 後후 身신 念염 念념 普보 於어 一일

사경의 공덕은 십만억 부처님께 공양한 것과 같은 공덕이 있습니다.

善 선	殿 전	光 광	佛 불	過 과	常 상	切 체
男 남	屋 옥	明 명	將 장	去 거	爲 위	世 세
子 자	宅 택	來 내	成 성	現 현	我 아	界 계
我 아	彼 피	照 조	佛 불	在 재	子 자	示 시
唯 유	最 최	我 아	時 시	十 시	我 아	現 현
知 지	後 후	身 신	皆 개	方 방	常 상	菩 보
此 차	生 생	及 급	於 어	世 세	爲 위	薩 살
菩 보	我 아	我 아	臍 제	界 계	母 모	受 수
薩 살	悉 실	所 소	中 중	無 무	善 선	生 생
大 대	爲 위	住 주	放 방	量 량	男 남	神 신
願 원	母 모	宮 궁	大 대	諸 제	子 자	變 변

智幻解脫門如諸菩薩摩訶
지환해탈문여제보살마하

薩具大悲藏敎化衆生常無
살구대비장교화중생상무

厭足以自在力一一毛孔示
염족이자재력일일모공시

現無量諸佛神變我今云何
현무량제불신변아금운하

能知能說彼功德行善男子
능지능설피공덕행선남자

於此世界三十三天有王名
어차세계삼십삼천유왕명

正念其王有女名天主光汝
정념기왕유녀명천주광여

詣彼問菩薩云何學菩薩行
修菩薩道時善財童子敬受
其教頭面作禮遶無數帀戀
慕瞻仰却行而退遂往天宮
見彼天女禮足圍遶合掌前
住白言聖者我已先發阿耨
多羅三藐三菩提心而未知

蓮 련	力 력	淨 정	我 아	願 원	菩 보	菩 보
華 화	憶 억	莊 장	得 득	爲 위	薩 살	薩 살
我 아	念 념	嚴 엄	菩 보	我 아	道 도	云 운
於 어	過 과	善 선	薩 살	說 설	我 아	何 하
彼 피	去 거	男 남	解 해	天 천	聞 문	學 학
劫 겁	有 유	子 자	脫 탈	女 녀	聖 성	菩 보
中 중	最 최	我 아	名 명	答 답	者 자	薩 살
供 공	勝 승	於 어	無 무	言 언	善 선	行 행
養 양	劫 겁	此 차	礙 애	善 선	能 능	云 운
恒 항	名 명	解 해	念 념	男 남	誘 유	何 하
河 하	靑 청	脫 탈	淸 청	子 자	誨 회	修 수

사경의 공덕은 십만억 부처님께 공양한 것과 같은 공덕이 있습니다.

樹 수	住 주	之 지	佛 불	造 조	初 초	沙 사
成 성	童 동	時 시	從 종	僧 승	出 출	數 수
正 정	子 자	行 행	爲 위	伽 가	家 가	諸 제
覺 각	位 위	七 칠	菩 보	藍 람	我 아	佛 불
時 시	在 재	步 보	薩 살	營 영	皆 개	如 여
轉 전	宮 궁	時 시	住 주	辦 판	瞻 첨	來 래
正 정	中 중	大 대	母 모	什 집	奉 봉	彼 피
法 법	時 시	師 사	胎 태	物 물	守 수	諸 제
輪 륜	向 향	子 자	時 시	又 우	護 호	如 여
現 현	菩 보	吼 후	誕 탄	彼 피	供 공	來 래
佛 불	提 제	時 시	生 생	諸 제	養 양	從 종

神變敎化調伏衆生之時如
신변교화조복중생지시여

是一切諸所作事從初發心
시일체제소작사종초발심

乃至法盡我皆明憶無有遺
내지법진아개명억무유유

餘常現在前念持不忘又憶
여상현재전념지불망우억

過去劫名善地我於彼供養
과거겁명선지아어피공양

十恒河沙數諸佛如來又過
십항하사수제불여래우과

去劫名爲妙德我於彼供養
거겁명위묘덕아어피공양

사경의 공덕은 십만억 부처님께 공양한 것과 같은 공덕이 있습니다.

彼 피	諸 제	我 아	沙 사	善 선	恒 항	劫 겁
供 공	佛 불	於 어	數 수	悲 비	河 하	名 명
養 양	如 여	彼 피	諸 제	我 아	沙 사	最 최
七 칠	來 래	供 공	佛 불	於 어	數 수	勝 승
十 십	又 우	養 양	如 여	彼 피	諸 제	德 덕
恒 항	劫 겁	六 육	來 래	供 공	佛 불	我 아
河 하	名 명	十 십	又 우	養 양	如 여	於 어
沙 사	妙 묘	恒 항	劫 겁	八 팔	來 래	彼 피
數 수	月 월	河 하	名 명	十 십	又 우	供 공
諸 제	我 아	沙 사	勝 승	恒 항	劫 겁	養 양
佛 불	於 어	數 수	遊 유	河 하	名 명	一 일

사경의 공덕은 십만억 부처님께 공양한 것과 같은 공덕이 있습니다.

如(여)來(래)善(선)男(남)子(자)如(여)是(시)憶(억)念(념)恒(항)河(하)
沙(사)劫(겁)我(아)常(상)不(불)捨(사)諸(제)佛(불)如(여)來(래)應(응)
正(정)等(등)覺(각)從(종)彼(피)一(일)切(체)諸(제)如(여)來(래)所(소)
聞(문)此(차)無(무)礙(애)念(념)清(청)淨(정)莊(장)嚴(엄)菩(보)薩(살)
解(해)脫(탈)受(수)持(지)修(수)行(행)恒(항)不(불)忘(망)失(실)如(여)
是(시)先(선)劫(겁)所(소)有(유)如(여)來(래)從(종)初(초)菩(보)薩(살)
乃(내)至(지)法(법)盡(진)一(일)切(체)所(소)作(작)我(아)以(이)淨(정)

嚴解脫之力皆隨憶念明了
엄해탈지력개수억념명료

現前持而順行曾無懈廢善
현전지이순행증무해폐선

男子我唯知此無礙念清淨
남자아유지차무애념청정

解脫如諸菩薩摩訶薩出生
해탈여제보살마하살출생

死夜朗然明徹永離癡冥未
사야랑연명철영리치명미

嘗惛寐心無諸蓋身行輕安
상혼매심무제개신행경안

於諸法性清淨覺了成就十
어제법성청정각료성취십

力(력)開(개)悟(오)群(군)生(생)而(이)我(아)云(운)何(하)能(능)知(지)

能(능)說(설)彼(피)功(공)德(덕)行(행)善(선)男(남)子(자)迦(가)毘(비)

羅(라)城(성)有(유)童(동)子(자)師(사)名(명)曰(왈)徧(변)友(우)汝(여)

詣(예)彼(피)問(문)菩(보)薩(살)云(운)何(하)學(학)菩(보)薩(살)行(행)

修(수)菩(보)薩(살)道(도)時(시)善(선)財(재)童(동)子(자)以(이)聞(문)

法(법)故(고)歡(환)喜(희)踊(용)躍(약)不(부)思(사)議(의)善(선)根(근)

自(자)然(연)增(증)廣(광)頂(정)禮(례)其(기)足(족)遶(요)無(무)數(수)

聖 성	菩 보	菩 보	我 아	掌 장	彼 피	帀 잡
者 자	薩 살	提 리	已 이	恭 공	城 성	辭 사
善 선	行 행	心 심	先 선	敬 경	至 지	退 퇴
能 능	云 운	而 이	發 발	於 어	徧 변	而 이
誘 유	何 하	未 미	阿 아	一 일	友 우	去 거
誨 회	修 수	知 지	耨 뇩	面 면	所 소	從 종
願 원	菩 보	菩 보	多 다	立 립	禮 예	天 천
爲 위	薩 살	薩 살	羅 라	白 백	足 족	宮 궁
我 아	道 도	云 운	三 삼	言 언	圍 위	下 하
說 설	我 아	何 하	藐 약	聖 성	遶 요	漸 점
徧 변	聞 문	學 학	三 삼	者 자	合 합	向 향

友答言善男子此有童子名
善知衆藝學菩薩字智汝可
問之當爲汝說
爾時善財卽至其所頭頂
禮敬於一面立白言聖者我
已先發阿耨多羅三藐三菩
提心而未知菩薩云何學菩

力 력	般 반	唱 창	菩 보	童 동	者 자	薩 살
入 입	若 야	持 지	薩 살	子 자	善 선	行 행
無 무	波 바	此 차	解 해	告 고	能 능	云 운
差 차	羅 라	之 지	脫 탈	善 선	誘 유	何 하
別 별	蜜 밀	字 자	名 명	財 재	誨 회	修 수
境 경	門 문	母 모	善 선	言 언	願 원	菩 보
界 계	名 명	唱 창	知 지	善 선	爲 위	薩 살
唱 창	以 이	阿 아	衆 중	男 남	我 아	道 도
多 다	菩 보	字 자	藝 예	子 자	說 설	我 아
字 자	薩 살	時 시	我 아	我 아	時 시	聞 문
時 시	威 위	入 입	恒 항	得 득	彼 피	聖 성

入般若波羅蜜門名無邊差
입반야바라밀문명무변차

別門唱波字時入般若波羅
별문창파자시입반야바라

蜜門名普照法界唱者字時
밀문명보조법계창자자시

入般若波羅蜜門名普輪斷
입반야바라밀문명보륜단

差別唱那字時入般若波羅
차별창나자시입반야바라

蜜門名得無依無上唱邏字
밀문명득무의무상창라자

時入般若波羅蜜門名離依
시입반야바라밀문명리의

사경의 공덕은 십만억 부처님께 공양한 것과 같은 공덕이 있습니다.

縛 박	般 반	蜜 밀	剛 강	字 자	羅 라	止 지
字 자	若 야	門 문	場 장	時 시	蜜 밀	無 무
時 시	波 바	名 명	唱 창	入 입	門 문	垢 구
入 입	羅 라	曰 왈	茶 다	般 반	名 명	唱 창
般 반	蜜 밀	普 보	字 자	若 야	不 불	拖 타
若 야	門 문	輪 륜	時 시	波 바	退 퇴	字 자
波 바	名 명	唱 창	入 입	羅 라	轉 전	時 시
羅 라	爲 위	沙 사	般 반	蜜 밀	方 방	入 입
蜜 밀	海 해	字 자	若 야	門 문	便 편	般 반
門 문	藏 장	時 시	波 바	名 명	唱 창	若 야
名 명	唱 창	入 입	羅 라	金 금	婆 파	波 바

사경의 공덕은 십만억 부처님께 공양한 것과 같은 공덕이 있습니다.

普生安住唱哆字時入般若
보생안주창치자시입반야

波羅蜜門名圓滿光唱也字
바라밀문명원만광창야자

時入般若波羅蜜門名差別
시입반야바라밀문명차별

積聚唱瑟吒字時入般若波
적취창슬타자시입반야바

羅蜜門名普光明息煩惱唱
라밀문명보광명식번뇌창

迦字時入般若波羅蜜門名
가자시입반야바라밀문명

無差別雲唱娑字時入般若
무차별운창사자시입반야

波羅蜜門名降霔大雨唱麼
字時入般若波羅蜜門名大
流湍激衆峯齊峙唱伽字時
入般若波羅蜜門名普安立
唱他字時入般若波羅蜜門
名眞如平等藏唱社字時入
般若波羅蜜門名入世間海

清淨唱鎖字時入般若波羅
청정창쇄자시입반야바라

蜜門名念一切佛莊嚴唱柁
밀문명념일체불장엄창타

字時入般若波羅蜜門名觀
자시입반야바라밀문명관

察簡擇一切法聚唱奢字時
찰간택일체법취창사자시

入般若波羅蜜門名隨順一
입반야바라밀문명수순일

切佛教輪光明唱佉字時入
체불교륜광명창거자시입

般若波羅蜜門名修因地智
반야바라밀문명수인지지

慧(혜) 藏(장) 唱(창) 叉(차) 字(자) 時(시) 入(입) 般(반) 若(야) 波(바) 羅(라)

蜜(밀) 門(문) 名(명) 息(식) 諸(제) 業(업) 海(해) 藏(장) 唱(창) 娑(사) 多(다)

字(자) 時(시) 入(입) 般(반) 若(야) 波(바) 羅(라) 蜜(밀) 門(문) 名(명) 蠲(견)

諸(제) 惑(혹) 障(장) 開(개) 淨(정) 光(광) 明(명) 唱(창) 壤(양) 字(자) 時(시)

入(입) 般(반) 若(야) 波(바) 羅(라) 蜜(밀) 門(문) 名(명) 作(작) 世(세) 間(간)

智(지) 慧(혜) 門(문) 唱(창) 曷(갈) 羅(라) 多(다) 字(자) 時(시) 入(입) 般(반)

若(야) 波(바) 羅(라) 蜜(밀) 門(문) 名(명) 生(생) 死(사) 境(경) 界(계) 智(지)

慧혜 輪륜 唱창 婆파 字자 時시 入입 般반 若야 波바 羅라

蜜밀 門문 名명 一일 切체 智지 宮궁 殿전 圓원 滿만 莊장

嚴엄 唱창 車거 字자 時시 入입 般반 若야 波바 羅라 蜜밀

門문 名명 修수 行행 方방 便편 藏장 各각 別별 圓원 滿만

唱창 娑사 麼마 字자 時시 入입 般반 若야 波바 羅라 蜜밀

門문 名명 隨수 十시 方방 現현 見견 諸제 佛불 唱창 訶가

婆파 字자 時시 入입 般반 若야 波바 羅라 蜜밀 門문 名명

觀察一切無緣衆生方便攝
관찰일체무연중생방편섭

受令出生無礙力唱縒字時
수영출생무애력창착자시

入般若波羅蜜門名修行趣
입반야바라밀문명수행취

入一切功德海唱伽字時入
입일체공덕해창가자시입

般若波羅蜜門名持一切法
반야바라밀문명지일체법

雲堅固海藏唱吒字時入般
운견고해장창타자시입반

若波羅蜜門名隨願普見十
야바라밀문명수원보견십

方(방)諸(제)佛(불)唱(창)拏(나)字(자)時(시)入(입)般(반)若(야)波(바)
羅(라)蜜(밀)門(문)名(명)觀(관)察(찰)字(자)輪(륜)有(유)無(무)盡(진)
諸(제)億(억)字(자)唱(창)娑(사)頗(파)字(자)時(시)入(입)般(반)若(야)
波(바)羅(라)蜜(밀)門(문)名(명)化(화)衆(중)生(생)究(구)竟(경)處(처)
唱(창)娑(사)迦(가)字(자)時(시)入(입)般(반)若(야)波(바)羅(라)蜜(밀)
門(문)名(명)廣(광)大(대)藏(장)無(무)礙(애)辯(변)光(광)明(명)輪(륜)
徧(변)照(조)唱(창)也(야)娑(사)字(자)時(시)入(입)般(반)若(야)波(바)

羅(라)蜜(밀)門(문)名(명)宣(선)說(설)一(일)切(체)佛(불)法(법)境(경)
界(계)唱(창)室(실)者(자)字(자)時(시)入(입)般(반)若(야)波(바)羅(라)
蜜(밀)門(문)名(명)於(어)一(일)切(체)衆(중)生(생)界(계)法(법)雷(뇌)
徧(변)吼(후)唱(창)侘(차)字(자)時(시)入(입)般(반)若(야)波(바)羅(라)
蜜(밀)門(문)名(명)以(이)無(무)我(아)法(법)開(개)曉(효)衆(중)生(생)
唱(창)陀(타)字(자)時(시)入(입)般(반)若(야)波(바)羅(라)蜜(밀)門(문)
名(명)一(일)切(체)法(법)輪(륜)差(차)別(별)藏(장)善(선)男(남)子(자)

我唱如是字母時此四十二
아창여시자모시차사십이

般若波羅蜜門爲首入無量
반야바라밀문위수입무량

無數般若波羅蜜門善男子
무수반야바라밀문선남자

我唯知此善知衆藝菩薩解
아유지차선지중예보살해

脫如諸菩薩摩訶薩能於一
탈여제보살마하살능어일

切世出世間善巧之法以智
체세출세간선교지법이지

通達到於彼岸殊方異藝咸
통달도어피안수방이예함

綜종 無무 遺유 文문 字자 算산 數수 蘊온 其기 深심 解해
醫의 方방 呪주 術술 善선 療료 衆중 病병 有유 諸제 衆중
生생 鬼귀 魅매 所소 持지 怨원 憎증 呪주 詛저 惡악 星성
變변 怪괴 死사 屍시 奔분 逐축 癲전 癇간 羸리 瘦수 種종
種종 諸제 疾질 咸함 能능 救구 之지 使사 得득 痊전 愉유
又우 善선 別별 知지 金금 玉옥 珠주 貝패 珊산 瑚호 瑠류
璃리 摩마 尼니 硨차 磲거 雞계 薩살 羅라 等등 一일 切체

사경의 공덕은 십만억 부처님께 공양한 것과 같은 공덕이 있습니다.

年 연	相 상	攝 섭	切 체	宮 궁	値 치	寶 보
穀 곡	吉 길	護 호	人 인	殿 전	多 다	藏 장
豊 풍	凶 흉	又 우	衆 중	苑 원	少 소	出 출
儉 검	鳥 조	善 선	所 소	園 원	村 촌	生 생
國 국	獸 수	觀 관	居 거	巖 암	營 영	之 지
土 토	音 음	察 찰	菩 보	泉 천	鄕 향	處 처
安 안	聲 성	天 천	薩 살	藪 수	邑 읍	品 품
危 위	雲 운	文 문	咸 함	澤 택	大 대	類 류
如 여	霞 하	地 지	能 능	凡 범	小 소	不 부
是 시	氣 기	理 리	隨 수	是 시	都 도	同 동
世 세	候 후	人 인	方 반	一 일	城 성	價 가

사경의 공덕은 십만억 부처님께 공양한 것과 같은 공덕이 있습니다.

間所有技藝莫不該練盡其
간소유기예막불해련진기

源本又能分別出世之法正
원본우능분별출세지법정

名辯義觀察體相隨順修行
명변의관찰체상수순수행

智入其中無疑無礙無愚暗
지입기중무의무애무우암

無頑鈍無憂惱無沈沒無不
무완둔무우뇌무침몰무불

現證而我云何能知能說彼
현증이아운하능지능설피

功德行善男子此摩竭提國
공덕행선남자차마갈제국

사경의 공덕은 십만억 부처님께 공양한 것과 같은 공덕이 있습니다.

有一聚落彼中有城名婆咀
유일취락피중유성명바저

那有優婆夷號曰賢勝汝詣
나유우바이호왈현승여예

彼問菩薩云何學菩薩行修
피문보살운하학보살행수

菩薩道時善財童子頭面敬
보살도시선재동자두면경

禮知藝之足遶無數帀戀仰
례지예지족요무수잡연앙

辭去向聚落城至賢勝所禮
사거향취락성지현승소례

足圍遶合掌恭敬於一面立
족위요합장공경어일면립

白(백)言(언)聖(성)者(자)我(아)已(이)先(선)發(발)阿(아)耨(누)多(다)
羅(나)三(삼)藐(막)三(삼)菩(보)提(제)心(심)而(이)未(미)知(지)菩(보)
薩(살)云(운)何(하)學(학)菩(보)薩(살)行(행)云(운)何(하)修(수)菩(보)
薩(살)道(도)我(아)聞(문)聖(성)者(자)善(선)能(능)誘(유)誨(회)願(원)
爲(위)我(아)說(설)賢(현)勝(승)答(답)言(언)善(선)男(남)子(자)我(아)
得(득)菩(보)薩(살)解(해)脫(탈)名(명)無(무)依(의)處(처)道(도)場(량)
旣(기)自(자)開(개)解(해)復(부)爲(위)人(인)說(설)又(우)得(득)無(무)

智 지	性 성	鼻 비	無 무	盡 진	盡 진	盡 진
性 성	舌 설	無 무	盡 진	故 고	以 이	三 삼
身 신	無 무	盡 진	故 고	又 우	能 능	昧 매
無 무	盡 진	故 고	又 우	能 능	出 출	非 비
盡 진	故 고	又 우	能 능	出 출	生 생	彼 피
故 고	又 우	能 능	出 출	生 생	一 일	三 삼
又 우	能 능	出 출	生 생	一 일	切 체	昧 매
能 능	出 출	生 생	一 일	切 체	智 지	法 법
出 출	生 생	一 일	切 체	智 지	性 성	有 유
生 생	一 일	切 체	智 지	性 성	眼 안	盡 진
一 일	切 체	智 지	性 성	耳 이	無 무	無 무

切智性意無盡故又能出生
체지성의무진고우능출생

一切智性功德波濤無盡故
일체지성공덕파도무진고

又能出生一切智性智慧光
우능출생일체지성지혜광

明無盡故又能出生一切智
명무진고우능출생일체지

性速疾神通無盡故善男子
성속질신통무진고선남자

我唯知此無依處道場解脫
아유지차무의처도장해탈

如諸菩薩摩訶薩一切無着
여제보살마하살일체무착

功德行而我云何盡能知說
공덕행이아운하진능지설

善男子南方有城名爲沃田
선남자남방유성명위옥전

彼有長者名堅固解脫汝可
피유장자명견고해탈여가

往問菩薩云何學菩薩行修
왕문보살운하학보살행수

菩薩道爾時善財禮賢勝足
보살도이시선재례현승족

遶無數帀戀慕瞻仰辭退南
요무수잡연모첨앙사퇴남

行到於彼城詣長者所禮足
행도어피성예장자소례족

菩 보	我 아	道 도	云 운	三 삼	言 언	圍 위
薩 살	說 설	我 아	何 하	藐 약	聖 성	遶 요
解 해	長 장	聞 문	學 학	三 삼	者 자	合 합
脫 탈	者 자	聖 성	菩 보	菩 보	我 아	掌 장
名 명	答 답	者 자	薩 살	提 리	已 이	恭 공
無 무	言 언	善 선	行 행	心 심	先 선	敬 경
着 착	善 선	能 능	云 운	而 이	發 발	於 어
念 념	男 남	誘 유	何 하	未 미	阿 아	一 일
淸 청	子 자	誨 회	修 수	知 지	耨 녹	面 면
淨 정	我 아	願 원	菩 보	菩 보	多 다	立 립
莊 장	得 득	爲 위	薩 살	薩 살	羅 라	白 백

知 지	廣 광	薩 살	淨 정	善 선	方 방	嚴 엄
能 능	大 대	獲 획	莊 장	男 남	佛 불	我 아
說 설	福 복	無 무	嚴 엄	子 자	所 소	自 자
彼 피	智 지	所 소	解 해	我 아	勤 근	得 득
功 공	之 지	畏 외	脫 탈	唯 유	求 구	是 시
德 덕	聚 취	大 대	如 여	知 지	正 정	解 해
行 행	而 이	師 사	諸 제	此 차	法 법	脫 탈
善 선	我 아	子 자	菩 보	無 무	無 무	已 이
男 남	云 운	吼 후	薩 살	着 착	有 유	來 래
子 자	何 하	安 안	摩 마	念 념	休 휴	於 어
卽 즉	能 능	住 주	訶 하	淸 청	息 식	十 십

사경의 공덕은 십만억 부처님께 공양한 것과 같은 공덕이 있습니다.

面 면	所 소	遶 요	薩 살	問 문	其 기	此 차
立 립	禮 예	無 무	道 도	菩 보	長 장	城 성
白 백	足 족	數 수	時 시	薩 살	者 자	中 중
言 언	圍 위	帀 잡	善 선	云 운	宅 택	有 유
聖 성	遶 요	辭 사	財 재	何 하	常 상	一 일
者 자	合 합	退 퇴	童 동	學 학	有 유	長 장
我 아	掌 장	而 이	子 자	菩 보	光 광	者 자
已 이	恭 공	行 행	禮 예	薩 살	明 명	名 명
先 선	敬 경	向 향	堅 견	行 행	汝 여	爲 위
發 발	於 어	妙 묘	固 고	修 수	詣 예	妙 묘
阿 아	一 일	月 월	足 족	菩 보	彼 피	月 월

耨(녹)多(다)羅(라)三(삼)藐(먁)三(삼)菩(보)提(제)心(심)而(이)未(미)
知(지)菩(보)薩(살)云(운)何(하)學(학)菩(보)薩(살)行(행)云(운)何(하)
修(수)菩(보)薩(살)道(도)我(아)聞(문)聖(성)者(자)善(선)能(능)誘(유)
誨(회)願(원)爲(위)我(아)說(설)妙(묘)月(월)答(답)言(언)善(선)男(남)
子(자)我(아)得(득)菩(보)薩(살)解(해)脫(탈)名(명)淨(정)智(지)光(광)
明(명)善(선)男(남)子(자)我(아)唯(유)知(지)此(차)智(지)光(광)解(해)
脫(탈)如(여)諸(제)菩(보)薩(살)摩(마)訶(하)薩(살)證(증)得(득)無(무)

仰 앙	善 선	何 하	名 명	南 남	能 능	量 량
辭 사	財 재	學 학	無 무	方 방	說 설	解 해
去 거	禮 예	菩 보	勝 승	有 유	彼 피	脫 탈
漸 점	妙 묘	薩 살	軍 군	城 성	功 공	法 법
向 향	月 월	行 행	汝 여	名 명	德 덕	門 문
彼 피	足 족	修 수	詣 예	出 출	行 행	而 이
城 성	遶 요	菩 보	彼 피	生 생	善 선	我 아
至 지	無 무	薩 살	問 문	彼 피	男 남	云 운
長 장	數 수	道 도	菩 보	有 유	子 자	何 하
者 자	帀 잡	是 시	薩 살	長 장	於 어	能 능
所 소	戀 연	時 시	云 운	者 자	此 차	知 지

禮足圍遶合掌恭敬於一面
예족위요합장공경어일면

立白言聖者我已先發阿耨
립백언성자아이선발아녹

多羅三藐三菩提心而未知
다라삼약삼보리심이미지

菩薩云何學菩薩行云何修
보살운하학보살행운하수

菩薩道我聞聖者善能誘誨
보살도아문성자선능유회

願爲我說長者答言善男子
원위아설장자답언선남자

我得菩薩解脫名無盡相我
아득보살해탈명무진상아

以(이) 證(증) 此(차) 菩(보) 薩(살) 解(해) 脫(탈) 見(견) 無(무) 量(량) 佛(량)
得(득) 無(무) 盡(진) 藏(장) 善(선) 男(남) 子(자) 我(아) 唯(유) 知(지) 此(블)
無(무) 盡(진) 相(상) 解(해) 脫(탈) 如(여) 諸(제) 菩(보) 薩(살) 摩(마) 訶(차)
薩(살) 得(득) 無(무) 限(한) 智(지) 無(무) 礙(애) 辯(변) 才(재) 而(이) 我(아)
云(운) 何(하) 能(능) 知(지) 能(능) 說(설) 彼(피) 功(공) 德(덕) 行(행) 善(선)
男(남) 子(자) 於(어) 此(차) 城(성) 南(남) 有(유) 一(일) 聚(취) 落(락) 名(명)
之(지) 爲(위) 法(법) 彼(피) 聚(취) 落(락) 中(중) 有(유) 婆(바) 羅(라) 門(문)

사경의 공덕은 십만억 부처님께 공양한 것과 같은 공덕이 있습니다.

我 아	掌 장	聚 취	帀 잡	財 재	何 하	名 명
已 이	恭 공	落 락	戀 연	童 동	學 학	最 최
先 선	敬 경	見 견	仰 앙	子 자	菩 보	寂 적
發 발	於 어	最 최	辭 사	禮 예	薩 살	靜 정
阿 아	一 일	寂 적	去 거	無 무	行 행	汝 여
耨 뇩	面 면	靜 정	漸 점	勝 승	修 수	詣 예
多 다	立 립	禮 예	次 차	軍 군	菩 보	彼 피
羅 라	白 백	足 족	南 남	足 족	薩 살	問 문
三 삼	言 언	圍 위	行 행	遶 요	道 도	菩 보
藐 먁	聖 성	遶 요	詣 예	無 무	時 시	薩 살
三 삼	者 자	合 합	彼 피	數 수	善 선	云 운

사경의 공덕은 십만억 부처님께 공양한 것과 같은 공덕이 있습니다.

菩提心而未知菩薩云何學
보리심이미지보살운하학

菩薩行云何修菩薩道我聞
보살행운하수보살도아문

聖者善能誘誨願爲我說婆
성자선능유회원위아설바

羅門答言善男子我得菩薩
라문답언선남자아득보살

解脫名誠願語過去現在未
해탈명성원어과거현재미

來菩薩以是語故乃至於阿
래보살이시어고내지어아

耨多羅三藐三菩提無有退
녹다라삼먁삼보리무유퇴

轉(전)無(무)已(이)退(퇴)無(무)現(현)退(퇴)無(무)當(당)退(퇴)善(선)

男(남)子(자)我(아)以(이)住(주)於(어)誠(성)願(원)語(어)故(고)隨(수)

意(의)所(소)作(작)莫(막)不(불)成(성)滿(만)善(선)男(남)子(자)我(아)

唯(유)知(지)此(차)誠(성)語(어)解(해)脫(탈)如(여)諸(제)菩(보)薩(살)

摩(마)訶(하)薩(살)與(여)誠(성)願(원)語(어)行(행)止(지)無(무)違(위)

言(언)必(필)以(이)誠(성)未(미)曾(증)虛(허)妄(망)無(무)量(량)功(공)

德(덕)因(인)之(지)出(출)生(생)而(이)我(아)云(운)何(하)能(능)知(지)

能說善男子於此南方有城
능설선남자어차남방유성

名妙意華門彼有童子名曰
명묘의화문피유동자명왈

德生復有童女名爲有德汝
덕생부유동녀명위유덕여

詣彼問菩薩云何學菩薩行
예피문보살운하학보살행

修菩薩道時善財童子於法
수보살도시선재동자어법

尊重禮婆羅門足遶無數帀
존중예파라문족요무수잡

戀仰而去
연앙이거

發 願 文

귀의 삼보하옵고

거룩하신 부처님께 발원하옵나이다.

주 소 : ______________________

전 화 : ____________ 불 명 : ________ 성 명 : ________

불기 25 ________ 년 ________ 월 ________ 일